Aime ton Créateur

L'histoire d'une chanson de prière

À ma grand-mère qui nous a quitté et à tous les jeunes qui découvrent la prière.
La prière a toujours été avec nous.
Les prières nous appartiennent à tous — aux jeunes, aux enfants, et aux familles.

Comment lire à haute voix

Quand un mot hesquiaht [Hesh-quee-aht] est utilisé, le mot français apparaît avec le mot hesquiaht écrit entre parenthèses, suivi de la prononciation française du mot hesquiaht entre [crochets].

Par exemple : la première partie est: amour (Yaaʔakuks) [ya-ah kooks].

Pour ne lire que le français, pense: «dire, (passer), [passer]»
Pour ne lire que l'hesquiaht, pense: «passer, (dire), [passer]»
Pour apprendre le mot en hesquiaht,
tout en lisant le français, pense: «dire, (voir), [dire]»

Peu importe comment tu choisis de lire,
l'histoire suivra son cours naturellement.

Aime ton Créateur

L'histoire d'une chanson de prière

Par Quuia Charleson

Illustré par Stefan Brunette

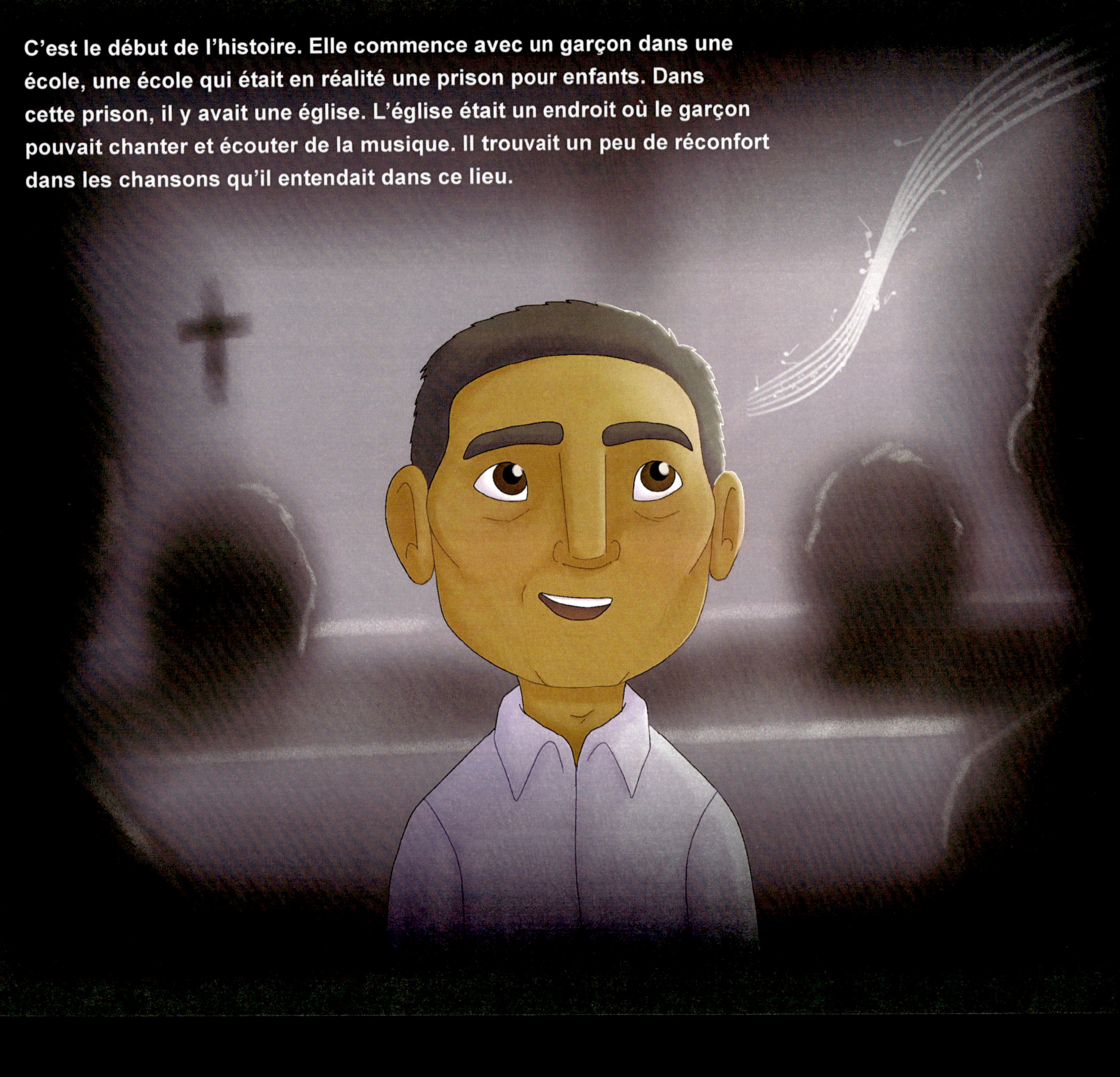

C'est le début de l'histoire. Elle commence avec un garçon dans une école, une école qui était en réalité une prison pour enfants. Dans cette prison, il y avait une église. L'église était un endroit où le garçon pouvait chanter et écouter de la musique. Il trouvait un peu de réconfort dans les chansons qu'il entendait dans ce lieu.

Heureusement, le garçon a survécu et a grandi. Dans son cœur, il avait conservé une chanson spéciale de l’église appelée « Louez-Le le matin » et il chantait cette chanson à ses enfants.
Chaque fois que le père chantait la chanson, son fils aîné, qui avait environ huit ans, s’asseyait sur ses genoux et lui tenait l’oreille avec tendresse.

Un soir, quand le père eut fini la chanson, le fils aîné dit : « Ce serait génial de pouvoir chanter cette chanson dans notre langue! »

Le père répondit : « Eh bien, mon fils, tu apprends notre langue à l'école. Ton école a une Aînée et un professeur de langue. Moi, je pars bientôt pour le travail, alors pourquoi ne pas t'en occuper? »

Le père travailla deux semaines dans un camp de bûcherons, puis revint une semaine à la maison pour se reposer.

Pendant qu'il était parti, il ignorait que son fils se consacrait à un projet très spécial.

Quelques semaines plus tard, le père se reposait quand il entendit un enfant crier au loin. C'était son fils, qui l'appelait : « Papaaaaa ! Papaaaaa ! »

Le père courut à la fenêtre et leva les yeux. Son fils se tenait debout sur une souche, tout en haut de la colline pour que sa voix porte plus loin. En voyant son père à la fenêtre, le garçon continua à crier : « Tu dois te rendre à l'école tout de suite ! » Puis il sauta de la souche et courut en remontant le petit sentier vers l'école.

L’urgence résonnait dans la voix de son fils. Quelque chose n’allait pas ! Le père courut, sauta dans son vieux camion de travail, démarra le moteur et traversa la communauté.

Quand le père arriva à l'école toute neuve, son fils et son ami tenaient les portes de la bibliothèque ouvertes pour lui, avec de grands sourires sur leurs visages.

Sur une table, il y avait un petit tambour et deux feuilles de papier. Sur l'une, il y avait des mots en anglais. Sur l'autre, des mots en hesquiaht (Ḥiškʷiiʔatḥ) [Hesh-quee-aht] étaient décomposés selon leurs sons.
Il y avait aussi plein de nourriture !

Ensemble, le père et le fils s'approchèrent de l'Aînée et du professeur de langue. Le père les regarda, et ils lui firent un signe de tête. Le fils dit à son père : « Papa, mon professeur de langue m'a dit que si je pouvais trouver les mots de cette chanson, il m'aiderait. »

Quand le fils donna les feuilles à son père, il vit le visage de son père se transformer en gratitude et en joie.

Le fils pensait que son père était content d'avoir la chanson de prière sur papier. Mais le père était heureux parce qu'il savait qu'une chanson de prière appartient à tout le monde. Une chanson de prière est faite pour être partagée, et voilà que son fils faisait exactement cela.

Tout le monde mangea. Tout le monde parla. Le père parla avec l'Aînée et le professeur de langue au sujet de ce que le fils voulait dans la chanson. « Il y a quatre parties, » expliqua le professeur de langue. « La première partie, c'est l'amour (Yaaʔakuks) [ya-ah kooks]. »

Aime ton Créateur le matin, quand le soleil se lève à l’est.
Aime ton Créateur l’après-midi, quand le soleil est à son plus haut.
Aime ton Créateur le soir, quand le soleil se couche à l’ouest.

Le père était fasciné par la langue, absorbant tout ce qui était enseigné. Il prit note des mouvements de la langue du professeur et de l'endroit où les mots naissaient, au fond de la gorge.

« La deuxième partie, » continua le professeur, « c'est prier (ciciqink) [ch-kaythink]. »

Prie ton Créateur, quand le soleil se lève à l’est.
Prie ton Créateur, quand le soleil est à son plus haut.
Prie ton Créateur, quand le soleil se couche à l’ouest.

« La troisième, c'est l'eau (ʔuusimč) [oos oomptch], » expliqua l'Aînée, pendant que le père se souvenait du temps où il était avec l'eau sacrée quand il était plus jeune.

Prie avec l’eau, quand le soleil se lève à l’est.
Prie avec l’eau, quand le soleil est à son plus haut.
Prie avec l’eau, quand le soleil se couche à l’ouest.

« La dernière partie, » commença l'Aînée, « signifie se rassembler comme la roue de médecine (suuw̓ a) [sook-wa]. Le noir, le rouge, le blanc et le jaune représentent chacun une partie de nous: émotionnelle, spirituelle, physique et mentale. Toutes ces parties se rassemblent pour se compléter (suuw̓ a) [sook-wa]. »

Prie pour que nous nous rassemblions quand le soleil se lève à l'est.
Prie pour que nous nous accueillions, quand le soleil est à son plus haut.
Prie pour que nous nous soutenions les uns les autres quand le soleil se couche à l'ouest.

Maintenant c'était au tour du père de s'entraîner à chanter la chanson dans sa langue, pour apprendre à la fois la prononciation et le sens des mots.

Finalement, le groupe leva leurs tambours et harmonisa les battements de tambour avec leurs voix. Avec son fils à ses côtés, une belle énergie semblait rayonner dans la bibliothèque.

Après quelques années, le fils aîné du père rejoignit l'équipe de basketball. C'était la fin de la saison, et le fils jouait le premier match de la finale. Beaucoup de monde assistait à ce match, y compris beaucoup de membres de la famille, car ils étaient tous de grands fans.

Alors que la foule remplissait les gradins, un membre de la communauté murmura à l'oreille du père :

« Peux-tu chanter une chanson pour ouvrir le tournoi ? »

« Bien sûr, » dit-il, en pensant que c'était un bon moment pour la chanson de prière.

Alors, le père porta son tambour jusqu'au coin du gymnase bondé. Dans la foule, il pouvait voir sa Grand-mère et deux Tantes qui attendaient de l'entendre chanter.

Alors qu'il chantait la chanson de prière, il vit sa Grand-mère s'agiter dans son fauteuil roulant, comme si elle voulait sortir de sa chaise. Les deux Tantes essayèrent de la calmer pour qu'elle n'en tombe pas.

À ce moment-là seulement, il entendit :
« AIDE-MOI À ME LEVER ! »

Toujours chantant, toujours priant, le père regarda les Tantes l'aider à se lever et la soutenir. Il pouvait voir qu'elle avait du mal, mais elle leva les deux bras en l'air et elle commença à prier en hesquiaht (Ḥiškʷiiʔatḥ) [Hesh-quee-aht]. Il pouvait voir qu'elle commençait à pleurer.

Comme c'était un survivant des pensionnats autochtones, le père pensa que c'était sa faute si elle pleurait. Il pensa, j'ai sûrement dit quelque chose de mal dans la langue, et maintenant j'ai fait pleurer Grand-mère. Alors, quand il eut fini la chanson, il alla droit vers sa Grand-mère, qui était de retour dans son fauteuil roulant. Il dit: « Je suis désolé de t'avoir fait pleurer, Grand-mère. Est-ce que j'ai dit quelque chose de mal? »

Après un moment, la Grand-mère regarda son petit-fils et dit, « Ce sont des larmes de joie, petit-fils. C'est la plus belle chanson que j'aie jamais entendue. Tu dois partager cette chanson. Va chanter cette chanson de prière et partage cette histoire. » Encouragé par les mots de sa Grand-mère, il fit exactement ce qu'elle lui avait dit.

En réalité, il partagea la chanson plus qu'il ne l'avait jamais fait. Le père devint le chanteur principal de sa nation. Il partagea la chanson de prière avec des groupes de danse et des centaines de personnes en voyageant avec *Tribal Journeys.*

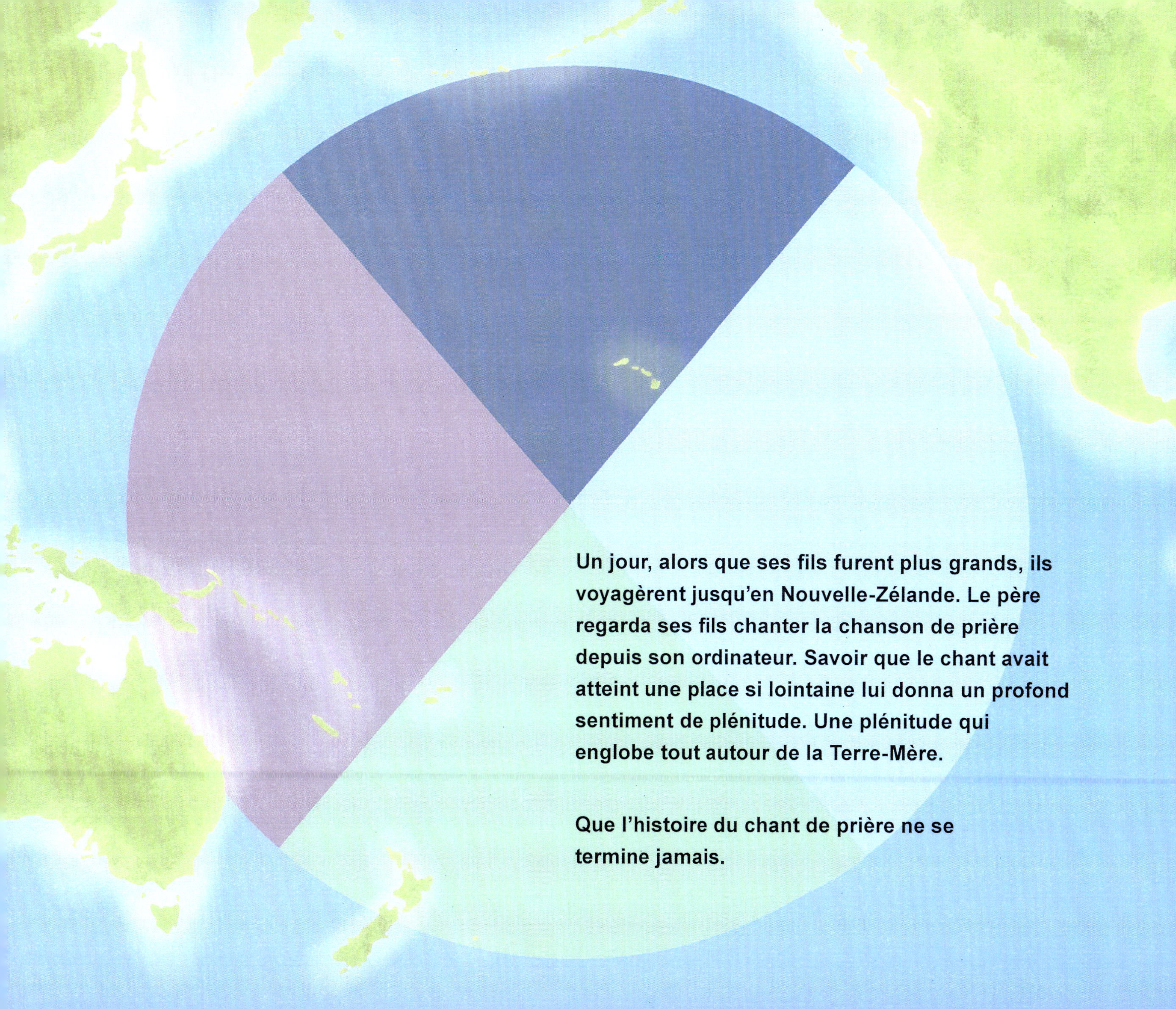

Un jour, alors que ses fils furent plus grands, ils voyagèrent jusqu'en Nouvelle-Zélande. Le père regarda ses fils chanter la chanson de prière depuis son ordinateur. Savoir que le chant avait atteint une place si lointaine lui donna un profond sentiment de plénitude. Une plénitude qui englobe tout autour de la Terre-Mère.

Que l'histoire du chant de prière ne se termine jamais.

Chanson de Prière, Aime ton Créateur

Refrain :
Weyy he yaa gna
Wey he yaa-anga
Wey he ya-anga
Wey he yaa
Wey he yaa anga
Wey he yaa-ii hiya haa

Refrain x 4

Yaaʔakuks yaaʔakuks
Yaaʔakuks ḥaas huupkusta
Yaaʔakuks ḥaas tiiḥuł
Yaaʔakuks ḥaas
Yaaʔakuks huupʔatu

Ciciqink Ciciqink
Ciciqink ḥaas huupkusta
Ciciqink ḥaas tiiḥuł
Ciciqink Ḥaas
Ciciqink huupʔatu

Refrain x 1

ʔuusimč ʔuusimč
ʔuusimč ḥaas huupkusta
ʔuusimč ḥaas tiiḥuł
ʔuusimč Ḥaas
ʔuusimč ḥaas huupʔatu

Suuw̓a ḥaas Suuw̓a ḥaas
Suuw̓a huupkusta
Suuw̓a tiiḥuł
Suuw̓a ḥaas Suuw̓a ḥaas
Suuw̓a huupʔatu

Refrain x 1

Refrain :
Waay hee yongaa
Waay hee yoongaa
Waay hee yonngaa
Waay hee yaa
Waay hee yongaa
Waay hee yay hiya haa.

Refrain x 4

Yaa ah kuuks yaa ah kuuks
Yaa ah kuuks noss hoop coostsaa
Yaa ah kuuks noss teenulth
Yaa ah kuuks noss
Yaa ah kuuks hoopaa too.

Tsee tsee kinklth tsee tsee kinklth
Tsee tsee kinklth noss hoop coostsaa
Tsee tsee kinklth noss teenulth
Tsee tsee kinklth noss
Tsee tsee kinklth hoopaa too.

Refrain x 1

Oos oompch Oos oompch
Oos oomptch Noss hoop coostsaa
Oos oomptch Noss teenulth
Oos oomptch Noss
Oos oomptch Noss hoopaa too.

Soo waa Noss Soo waa Noss
Soo waa hoops coostsaa
Soo waa teenulth
Soo waa Noss soo waa Noss
Soo waa hoopaa too.

Refrain x 1

Je t'ai-aime. Je t'ai-aime.
Je t'aime le matin.
Je t'aime le midi.
Je t'ai-aime. Je t'ai-aime.
Je t'aime quand le soleil se couche.

Notation musicale disponible gratuitement en PDF imprimable depuis www.wavemakerpress.com/love-your-creator

Traductions de l'hesquiaht à l'anglais par Larry Paul, Angela Galligos, et la Famille Charleson. Pour en savoir plus, visiter le Hesquiaht Language Program en ligne à hesquiahtlanguage.org. Traduction de l'anglais au français par L'Association des francophones de Nanaimo.

Enregistré pour Love Your Creator : *L'histoire d'une chanson de prière.* Auteur/chanteur Quuia Charleson. Publié en 2022 par WaveMaker Press. N'hésitez pas à imprimer et partager cette chanson à des fins non commerciales.

À propos de l'auteur

Photo de Daisy Johnson

Greg Charleson aime raconter des histoires, un don qu'il a hérité de sa Grand-mère. Né dans le village de Hotsprings Cove, Greg a passé une grande partie de son temps sur le bateau de pêche commercial de la famille ou à la maison, à apprendre la langue et à traiter le poisson.

Son nom de famille traditionnel est Kaeth Tlaanish de la Première Nation Hesquiaht. Par miracle, il a survécu au pensionnat de 1974 à 1982 à l'école résidentielle Christie à Tofino. Par la suite, il a poursuivi son éducation à sa manière, même lorsqu'il pêchait.

Greg a plus de 45 ans d'expérience en pêche commerciale, ainsi qu'une expérience dans plusieurs secteurs de la foresterie. En 2007, Greg a commencé à faire du bénévolat à l'école de Hotsprings Cove, et travaille maintenant avec des écoles et des organismes jeunesse à Nanaimo. Greg réside sur le territoire Snuneymexw avec sa femme Caroline et deux de leurs enfants. Il a sept enfants âgés de 15 à 29 ans, ainsi que deux petits-enfants. Aujourd'hui, la mission de Greg est d'apporter la connexion culturelle, l'enseignement et la prière à nos jeunes, enfants, et familles.

À propos de l'illustrateur

Photo de Alicia Mary

Stefan Brunette est né à Winnipeg, au Manitoba, et poursuit sa passion pour l'art et la narration depuis son plus jeune âge. En grandissant, sa famille a déménagé à travers les Prairies, s'installant finalement juste à l'extérieur de Calgary, en Alberta, où il a obtenu un baccalauréat en anglais à l'Université Saint Mary. Il a ensuite obtenu son diplôme en enseignement et enseigne à temps plein depuis près de dix ans.

Après avoir rencontré sa femme et établi leur foyer sur le territoire du Traité 7, dans la ville de High River, il a fondé sa famille. Au début de la pandémie, il a décidé de renouer avec son amour pour l'art. Avec la paternité comme muse, il a transformé des événements marquants en œuvres d'art à la fois sentimentales, drôles et universelles. Stefan a hâte de poursuivre son cheminement en illustration et de commémorer les souvenirs futurs avec sa famille.

Droits d'auteur du texte © 2022 par Quuia Charleson
Droits d'auteur des illustrations © 2022 par Stefan Brunette
Traductions de Hesquiaht en anglais par Quuia Charleson
Traduction de l'anglais au français © 2025 par L'Association des francophones de Nanaimo
Transcription par Christer Bonner, B.A.

ISBN : 978-1-0688686-7-2
Publié en 2025 par WaveMaker Press, Ltd.
WaveMakerPress.com

Un message de l'auteur et de l'éditeur
La prière à la page 34 peut être partagée librement, sans restriction, à des fins non commerciales. Si des copies imprimées sont partagées, nous demandons que le titre du livre, l'auteur, l'illustrateur et l'année de publication soient clairement indiqués sur ces copies. Pour toute question, contactez info@wavemakerpress.com.

Catalogage avant publication de Bibliothèque et Archives Canada

Titre: Aime ton Créateur : l'histoire d'une chanson de prière / par Quuia Charleson ; illustré par Stefan Brunette.
Autres titres: Love your Creator. Français
Noms: Charleson, Quuia, auteur. | Brunette, Stefan, illustrateur.
Description: 2e édition. | Titre original : Love your Creator : the story of a prayer song. | En français avec du texte en Hesquiaht; traduit de l'anglais.
Identifiants: Canadiana 2025026868X | ISBN 9781068868672 (couverture souple)
Vedettes-matière: RVM: Hymnes anglais—Histoire et critique—Ouvrages pour la jeunesse. | RVM: Premières Nations—Colombie-Britannique—Musique—Histoire et critique—Ouvrages pour la jeunesse. | RVM: Premières Nations—Colombie-Britannique—Ouvrages pour la jeunesse. | RVM: Premières Nations—Colombie-Britannique—Histoire—Ouvrages pour la jeunesse. | RVM: Premières Nations—Colombie-Britannique—Mœurs et coutumes—Ouvrages pour la jeunesse.
Classification: LCC ML3563.9 .C4714 2025 | CDD j782.27089/97955—dc23

WaveMaker Press reconnaît avec gratitude que ses bureaux se situent sur le territoire traditionnel de la Première Nation Snuneymuxw.

Imprimé et relié au Canada

« La connexion est la correction vers une véritable réconciliation. Tluu yaa yup tlii muk tsii : rendre la vie meilleure. »

Quuia Charleson

Photo fournie par la famille Charleson